AF313144

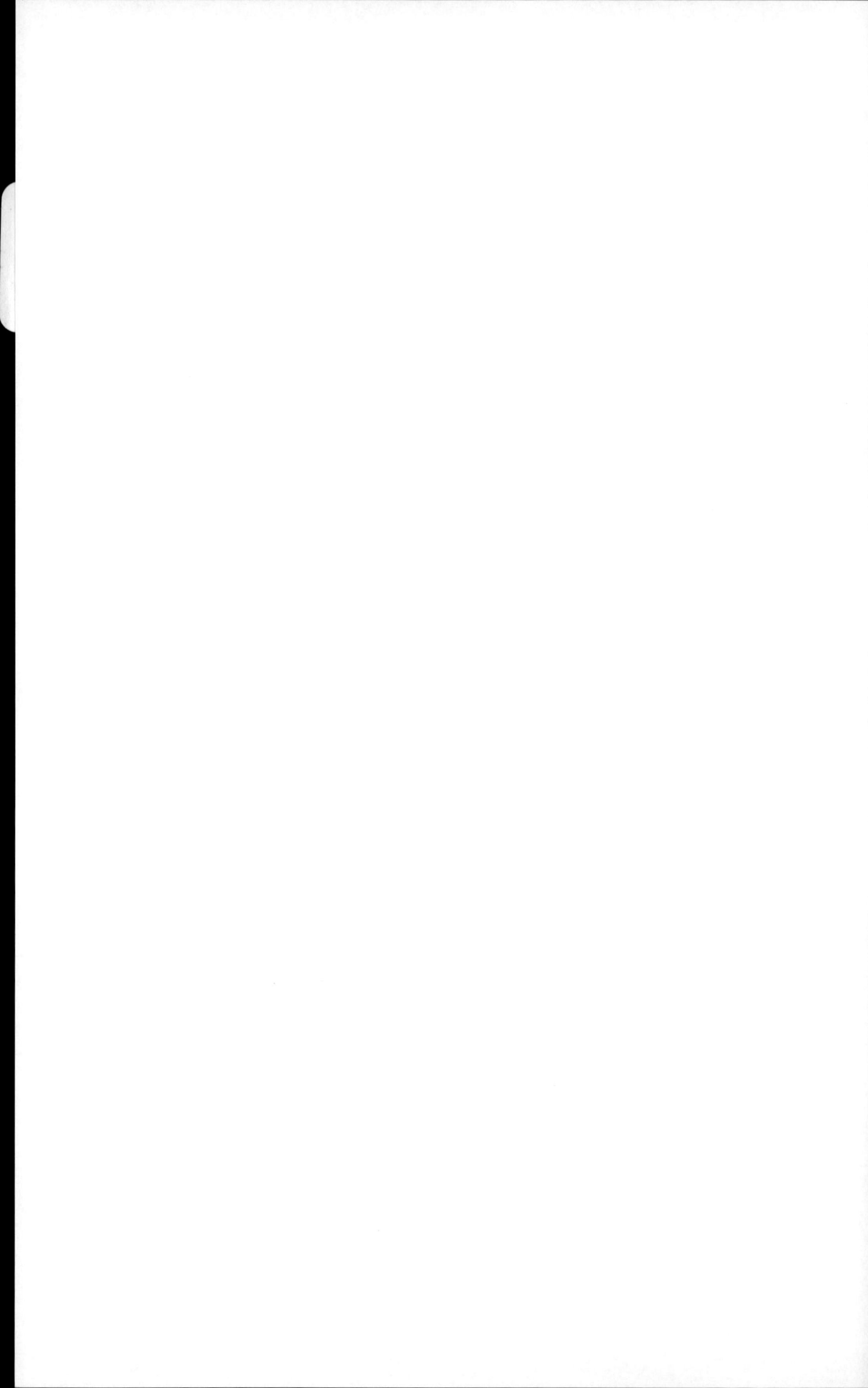

ATELIER

BERTHÉLEMY

PARIS — 1894

IMPRIMERIE GEORGES PETIT

12, RUE GODOT-DE-MAUROI, 12

ATELIER

BERTHÉLEMY

CATALOGUE

DE

TABLEAUX

PAR

Pierre-Émile BERTHÉLEMY

DONT LA VENTE AURA LIEU

Par suite de son décès

HOTEL DROUOT, SALLE N° 11

Le Vendredi 7 Décembre 1894

A DEUX HEURES

COMMISSAIRE-PRISEUR	EXPERT
Mᵉ PAUL CHEVALLIER	**M. GEORGES PETIT**
10, rue de la Grange-Batelière	12, rue Godot-de-Mauroi

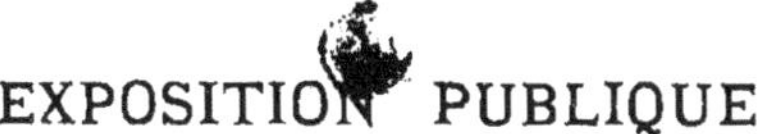

EXPOSITION PUBLIQUE

Le Jeudi 6 Décembre 1894, de 1 h. 1/2 à 5 h. 1/2

CONDITIONS DE LA VENTE

La vente sera faite expressément au comptant.

Les acquéreurs paieront *cinq pour cent* en sus des enchères.

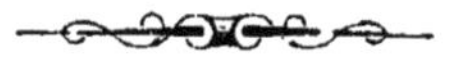

Pierre-Émile BERTHÉLEMY

Il y a des artistes auxquels semble s'attacher une sorte de fatalité, qui les empêche d'arriver à la grande notoriété, en dépit de l'effort constant et du talent : Pierre-Émile Berthélemy est du nombre. Tout jeune, il vit sa vocation contrariée par ses parents ; plus tard, lorsque son père se fut rendu à son désir, son caractère très digne et sa modestie naturelle l'empêchèrent de multiplier le bruit autour de ses succès, qui, cependant, étaient de très bon aloi.

Il était né à Rouen en 1818, et ce n'est qu'en 1838 qu'on lui permit de suivre les cours de l'École municipale de dessin et de peinture de sa ville natale. Après trois ans d'études, il obtint, au concours, une pension pour aller à Paris. Léon Cogniet le reçut dans son atelier et lui enseigna la figure ; mais ce n'était pas là ce qu'aimait le jeune artiste ; il se sentait attiré vers la nature, et surtout vers la vie marine, cette vie d'émotions qui lui inspira presque toutes les toiles qu'il exposa au Salon, où il débuta en 1847.

Jusqu'en 1891, il y parut, presque sans interruption, avec des œuvres d'un art affiné qui plaisaient aux délicats et que les artistes appréciaient; mais ce n'étaient là que des succès calmes qui ne jetaient pas son nom à la foule, pour forcer son admiration inconsciente. Pourtant, des médailles et des diplômes lui furent décernés, et l'État eut pour lui quelques regards bienveillants, puisqu'on peut voir d'excellentes toiles de lui, aux musées d'Amiens, Montpellier, Rouen, Boulogne-sur-Mer, Caen, Périgueux, Le Havre, Évreux, etc. Mais s'il éprouvait des satisfactions bien légitimes de tout cela, la notoriété n'embouchait pas pour lui ses trompettes retentissantes.

Une des dernières fois que je vis P.-É. Berthélemy, avant la longue maladie qui devait l'emporter, je me demandais, en l'écoutant parler, comment cette nature d'élite n'était pas universellement fêtée. Il était venu chez moi, et là, pendant plus d'une heure, il nous avait tenus tous sous le charme de sa conversation spirituelle et utile. C'était un esprit fin, très renseigné de tout ce qui touchait à l'art, plein de bienveillance pour tous ses confrères, s'exaltant même pour certains, à qui, selon lui, on ne rendait pas justice, et très sévère pour lui-même. A quelqu'un, qui lui faisait observer qu'il était peut-être de ceux pour qui l'heure de la justice était lente à

venir, il répondit simplement : « Je ne l'ai
sans doute pas encore mérité. »

Et c'était vraiment touchant de voir ce vieillard à cheveux blancs s'exprimer avec cette
modestie à son sujet, sans amertume, sans
morgue jalouse, avec la sérénité d'une con-

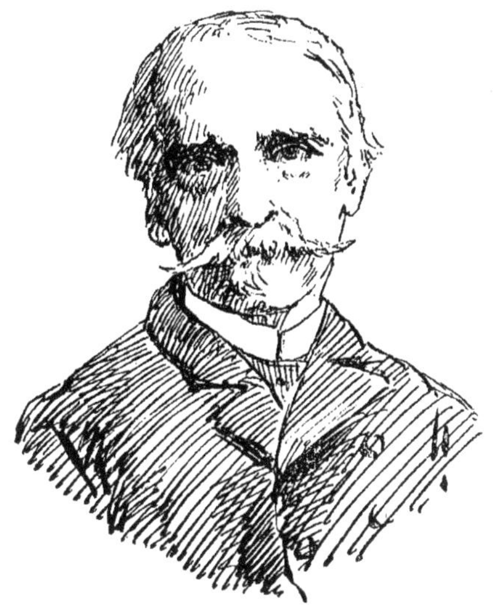

science qui a bien fait son devoir, tout son
devoir.

Il a même fait plus. Le temps qu'il aurait
pu consacrer, en dehors de son travail, à faire
valoir ce travail par des visites adroites, il le
dépensait pour les autres. Comme on le savait
galant homme et homme de cœur, on l'avait
chargé, à la Société des Artistes, fondée par

le baron Taylor, d'une fonction où son tact et
sa discrétion devaient avoir souvent l'occa-
sion de se manifester : il était membre de la
Commission des secours, et l'on sait comme,
en ces matières, il faut un doigté délicat pour
mener à bien et justement les enquêtes. Il y
avait là une tâche généreuse à remplir. Berthélemy s'y donna avec un zèle touchant;
mais ses petites affaires à lui, négligées pour
un motif si louable, en souffrirent certaine-
ment.

* * *

Ce fut néanmoins un artiste très attachant,
que P.-É. Berthélemy; je n'en veux pour
témoignage que les tableaux et études qu'il
a laissés et qui vont être dispersés aux
enchères. Il y a là d'exquis morceaux de
peinture, où se révèle une vision excellem-
ment juste et un sens très affirmé du pitto-
resque. Berthélemy ne cherchait pas l'émotion
dans des termes accessoires; il voulait qu'elle
débordât de la nature elle-même, qu'elle
s'imposât par sa simplicité souvent si drama-
tique, et cette émotion, il la découvrait, parce
que la contemplation, pour lui, s'exerçait par
le cœur, en même temps que par les yeux.

Pendant ses longues saisons passées au
bord de la mer, dans ce petit coin de Bernières,
où il est mort et où il repose, il avait pu don-

ner libre cours à sa tendresse pour les grandes féeries de l'Océan ; il avait jugé, lui aussi, tout ce qu'il y avait d'héroïsme simple chez ces rudes gens, toujours prêts à se porter au secours de ceux qui étaient en péril, et qui, avec un si grand désintéressement de la vie, multipliaient, sans y songer, les occasions de la perdre. Puis, il trouvait cette variété sans cesse en œuvre de se renouveler et son œil de peintre y goûtait d'incessantes joies, dont son pinceau, avec un rare bonheur, savait fixer le souvenir.

Certes, Berthélemy n'arriva pas du premier coup à cette expression heureuse qui le fait encore apprécier des artistes et des connaisseurs. Mais, comme cela se note chez tous les peintres de race, jusqu'à l'heure où le mal qui devait l'emporter vint paralyser le pinceau entre ses doigts, jusqu'à cette heure, on suit dans ses œuvres, dans son labeur, un progrès continu, comme son effort. Chose curieuse, quand, pour un instant, il abandonne la mer et se met au paysage, il est bien le contemporain des maîtres de l'école de 1830, et il y a, dans ce catalogue, telle étude, datée de plus de quarante ans, et d'une si étonnante intensité de fraîcheur, que nul de ceux-là ne la désavouerait.

Mais c'est assez parler de l'œuvre ; aussi bien les études disent-elles, en leur chromatisme juste et puissant, quel talent avait celui qui les a signées. Ce que j'ai voulu surtout, c'est rendre hommage, devant ces souvenirs qui marquent les heures laborieuses de sa vie, c'est rendre hommage à ce bon et cher vieillard, dont on peut dire, en prévenant le jugement de la postérité, qu'il fut un bel artiste.

L. ROGER-MILÈS.

Voici quels furent les principaux envois de Pierre-Émile Berthélemy, aux divers Salons :

Salon de 1847, *Combat de Saint-Vaast-la-Hougue.* — 1849, *Évasion de Jean-Bart.* — 1859, *Après la tempête* (Musée de Rouen). — 1861, *Un Incendie en mer.* — 1864, *Le Vauban,* vaisseau transport de l'État, désemparé de son grand mât (Musée du Puy). — 1865, *Le Maréchal-de-Villars,* paquebot. — 1866 et Exposition Universelle de 1867, *Le Naufrage du Borysthène* (Musée de Lille). — 1868, *Vue de Barfleur.* — 1869, *Naufrage du transport de l'État, l'Europe.* — 1872, *La Prise de Canton,* pour le ministère de la Marine. — 1874, *Vue de Dieppe* et *Vue de Rouen.* — 1876, *Une Orgie bretonne sur la plage.* — 1878 (Exposition Universelle), *La Plage d'Asnelle,* acquis par l'État. — 1881, *Bateaux pêcheurs.* — 1882, *Barque de pêche, relevant son chalut* (Musée de Rouen). —

1883, *Barque de pêche, accostant la plage à marée haute* et *Mer houleuse* (cette dernière toile fut acquise par Rosa Bonheur). — 1887 et 1889 (Exposition Universelle), *Coup de vent, à Bernières,* — 1886, *Sauvetage d'un matelot* et *Le Brick l'Adélaïde,* coulant avec son équipage. — 1888, *Entrée du canal, à Cristreham* et *un Picoteux.* — 1889, *Canot de sauvetage* allant au secours d'un navire incendié et *Effet de lune.* — 1890, *La Pêche à la drague sur la rade de Barfleur* (effet de soleil couchant) et *Soir d'automne,* à Bernières-sur-Mer, à marée basse. Enfin, en 1891, *Navire sortant du port de Courseulles* (Calvados).

DÉSIGNATION

3 90   **1** — *Ouragan, à Bernières.*

     Signé à droite : *1887*.

       Toile. Haut., 151 cent.; larg., 190 cent.

2 70   **2** — *Départ pour la pêche.*

     Signé à gauche : *1891*.

       Toile. Haut., 105 cent.; larg., 139 cent.

3 70   **3** — *Naufrage de l'Adélaïde.*

     Signé à gauche : *1887*.

       Toile. Haut., 116 cent.; larg., 147 cent.

28   **4** — *Navire sortant du port de Cour-seulles.*

     Signé à gauche : *1891*.

       Toile. Haut., 105 cent.; larg., 137 cent.

5 — *Picoteux, en pleine mer.*
Signé à gauche : 1888.
Toile. Haut., 116 cent.; larg., 149 cent.

6 — *Bassin à flot, Courseulles.*
Signé à gauche : 1890.
Toile. Haut., 81 cent.; larg., 66 cent.

7 — *Plage de Bernières.*
Signé à gauche : 1890.
Toile. Haut., 65 cent.; larg., 81 cent.

8 — *Le Repos.*
Signé à gauche.
Toile. Haut., 52 cent.; larg., 81 cent.

9 — *Incendie du Magenta.*
Toile. Haut., 65 cent.; larg., 100 cent.

10 — *Pêche à la drague, devant Barfleur.*
Signé à gauche : 1890.
Toile. Haut., 150 cent.; larg., 116 cent.

11 — *La Brèche au Diable.*
Signé à gauche.
Toile. Haut., 87 cent.; larg., 130 cent.

12 — *Pêcheuses de crevettes, le matin.*
Signé à gauche.
Toile. Haut., 63 cent.; larg., 103 cent.

66 13 — *Église de Barfleur.*   *Berthelemy*

Signé à gauche.

Toile. Haut., 63 cent.; larg., 103 cent.

16 14 — *Barques de pêche, la nuit.*   *Vadon*

Signé à droite.

Toile. Haut., 63 cent.; larg., 103 cent.

87 15 — *Bateaux échoués.*   *morgens*

Signé à droite.

Toile. Haut., 50 cent.; larg., 81 cent.   *Houmé*

190 16 — *Entrée du port de Courseulles.*

Signé à gauche.

Toile. Haut., 51 cent.; larg., 81 cent.

46 17 — *Environs de Veulettes.*

Signé à gauche.

Toile. Haut., 51 cent.; larg., 90 cent.

36 18 — *Trois-Mâts pris par un coup de*   *Bouffard*
mer.

Signé à gauche.

Toile. Haut., 65 cent.; larg., 88 cent.   *Graal*

112 19 — *Navire échoué à la côte.*

Signé à gauche : *1888.*

Toile. Haut., 51 cent.; larg., 74 cent.

41 20 — *Sur la Plage, soleil couchant.*   *Ferrier*

Signé à gauche : *1889.*

Toile. Haut., 39 cent.; larg., 74 cent.

66 **21 — *Barques échouées, à Veulettes.***

Signé à gauche.

Toile. Haut., 40 cent.; larg., 74 cent.

32 **22 — *L'Épave.***

Signé à droite.

Toile. Haut., 40 cent.; larg., 75 cent.

55 **23 — *Rochers, à Veulettes.***

Signé à gauche.

Toile. Haut., 25 cent.; larg., 84 cent.

86 **24 — *Voiture de varech.***

Signé à gauche.

Toile. Haut., 39 cent.; larg., 55 cent.

22 **25 — *Mer déferlant contre la falaise.***

Signé à droite.

Toile. Haut., 45 cent.; larg., 62 cent.

42 **26 — *Coup de mer, à Arromanches.***

Signé à droite : 1890.

Toile. Haut., 38 cent.; larg., 46 cent.

41 **27 — *Phare de Gatteville.***

Signé à gauche.

Toile. Haut., 33 cent.; larg., 25 cent.

28 — *Bateaux de pêche.*

Signé à gauche.

Toile. Haut., 33 cent.; larg., 42 cent.

9 0   29 — *Ramasseurs de varech.*   H. Stevens

> Signé à droite.
>
> > Toile. Haut., 28 cent.; larg., 45 cent.

26 { 30 — *Grosse Mer.*   sibille
   { et 39   Signé à droite.

> > Toile. Haut., 23 cent.; larg., 42 cent.

3 2   31 — *Barques de pêche.*   Danrô

> Signé à gauche.
>
> > Toile. Haut., 32 cent.; larg., 54 cent.

6 0   32 — *La Source, Veulettes.*   graat

> Signé à gauche.
>
> > Toile. Haut., 60 cent.; larg., 100 cent.

9 6 { 33 — *Barques, en pleine mer.*

> Signé à gauche.
>
> > Toile. Haut., 28 cent.; larg., 45 cent.   Corbelle

{ 34 — *Entre les Jetées.*

> > Toile. Haut., 28 cent.; larg., 45 cent.

7 0 { 35 — *Canot de sauvetage.*

> Signé à gauche.
>
> > Toile. Haut., 28 cent.; larg., 45 cent.   Rouneau

{ 36 — *Un Cabestan, Arromanches.*

> Signé à gauche.
>
> > Toile. Haut., 30 cent.; larg., 42 cent.

37 — *La Plage, à Ouistreham.*

Signé à gauche.

Toile. Haut., 28 cent.; larg., 45 cent.

38 — *Entrée du port de Courseulles.*

Signé à droite.

Toile. Haut., 28 cent.; larg., 45 cent.

39 — *La Côte, à Ouistreham.*

Signé à gauche.

Toile. Haut., 28 cent.; larg., 45 cent.

40 — *Soleil couchant, à Barfleur.*

Toile. Haut., 30 cent.; larg., 39 cent.

41 — *Le Bain, à Veulettes.*

Signé à droite.

Toile. Haut., 25 cent.; larg., 39 cent.

42 — *Un Pêcheur.*

Signé à gauche.

Toile. Haut., 41 cent.; larg., 30 cent.

43 — *Bord de mer.*

Signé à gauche.

Toile. Haut., 27 cent.; larg., 40 cent.

44 — *Orage sur la mer.*

Signé à gauche.

Toile. Haut., 24 cent.; larg., 39 cent.

45 — *L'Entrée du port, à Ouistreham.*

Toile. Haut., 23 cent.; larg., 38 cent.

46 — *Quai, à Courseulles.*

Signé à droite.

Toile. Haut., 24 cent.; larg., 33 cent.

47 — *Pêgheuses de moules, à Veulettes.*

Signé à gauche.

Toile. Haut., 21 cent.; larg., 35 cent.

48 — *Barques échouées.*

Signé à gauche.

Toile. Haut., 33 cent.; larg., 41 cent.

49 — *En pleine Mer.*

Signé à gauche.

Toile. Haut., 54 cent.; larg., 38 cent.

50 — *Incendie en mer.*

Signé à gauche.

Toile. Haut., 35 cent.; larg., 60 cent.

51 — *Pêcheurs, sur la plage.*

Signé à droite.

Panneau. Haut., 23 cent.; larg., 43 cent.

52 — *Bords de la Seulle.*

Signé à gauche.

Panneau. Haut., 28 cent.; larg., 40 cent.

53 — *Église de Ouistreham.*

Signé à droite.

Panneau. Haut., 27 cent. ; larg., 38 cent.

54 — *Bassin de Fécamp.*

Signé à gauche.

Panneau. Haut., 24 cent. ; larg., 41 cent.

55 — *Pleine Mer.*

Signé à gauche.

Panneau. Haut., 23 cent. ; larg., 43 cent.

56 — *La sortie de l'Église, Veulettes.*

Signé à droite.

Panneau. Haut., 27 cent. ; larg., 46 cent.

57 — *La Barrière.*

Signé à gauche.

Panneau. Haut., 23 cent. ; larg., 39 cent.

58 — *Vue d'Honfleur.*

Signé à gauche.

Panneau. Haut., 26 cent. ; larg., 41 cent.

59 — *Barque échouée.*

Signé à droite.

Toile. Haut., 29 cent. ; larg., 45 cent.

60 — *Coucher de soleil, marée basse.*

Panneau. Haut., 13 cent. ; larg., 23 cent.

61 — *Coucher de soleil, marée basse.*

> Signé à droite.
>> Panneau. Haut., 10 cent.; larg., 23 cent.

62 — *Bassin, à Ouistreham.*

> Signé à droite.
>> Panneau. Haut., 27 cent.; larg., 41 cent.

63 — *Rivière sous bois.*

> Signé à droite.
>> Panneau. Haut., 28 cent.; larg., 46 cent.

64 — *La Mer, à Bernières.*

> Signé à gauche.
>> Panneau. Haut., 19 cent.; larg., 42 cent.

65 — *Un Lavoir, à Veulettes.*

> Signé à droite.
>> Panneau. Haut., 28 cent.; larg., 46 cent.

66 — *Barque de pêche.*

> Signé à droite.
>> Toile. Haut., 22 cent.; larg., 27 cent.

67 — *Rochers, à Veulettes.*

> Signé à droite.
>> Panneau. Haut., 20 cent.; larg., 40 cent.

68 — *Maisons, à Courseulles.*

>> Panneau. Haut., 22 cent.; larg., 37 cent.

69 — *Église de Barfleur.*

Signé à droite.

Panneau. Haut., 22 cent.; larg., 42 cent.

70 — *Marée basse.*

Signé à droite.

Panneau. Haut., 260 millim.; larg., 405 millim.

71 — *Entrée de ferme, à Veulettes.*

Signé à droite.

Panneau. Haut., 26 cent.; larg., 35 cent.

72 — *Barque de pêche, échouée.*

Signé à droite.

Panneau. Haut., 27 cent.; larg., 40 cent.

73 — *Laveuses.*

Signé à gauche.

Panneau. Haut., 27 cent.; larg., 45 cent.

74 — *Bords de la Seine.*

Signé à droite.

Panneau. Haut., 25 cent.; larg., 33 cent.

75 — *Intérieur normand.*

Signé à gauche.

Toile. Haut., 24 cent.; larg., 33 cent.

76 — *Un Pêcheur.*

Signé à droite.

Toile. Haut., 27 cent.; larg., 22 cent.

{77 — *Barque de pêche.* *Meeh*
{ et 79   Signé à gauche.

      Toile. Haut., 27 cent.; larg., 20 cent.

42 78 — *Église de Bernières.* *H. Stevens*

      Signé à gauche.

      Panneau. Haut., 16 cent.; larg., 39 cent.

{79 — *Flottille de pêche.*
{ et 77   Signé à droite.

      Toile. Haut., 27 cent.; larg., 22 cent.

80 — *Barques échouées, à marée basse.*
      Signé à gauche. *Berthelemy*
      Panneau. Haut.. 21 cent.; larg., 26 cent.

18

81 — *La Plage de Bernières.*

      Signé à droite.

      Panneau. Haut.. 18 cent.; larg., 30 cent.

82 — *Barques échouées.*

      Signé à droite.

      Panneau. Haut., 19 cent.; larg., 26 cent.

18

83 — *La Plage, à Saint-Aubin.*

      Signé à droite.

      Panneau. Haut.. 16 cent.; larg., 24 cent.

{84 — *Intérieur de Charcuterie.*
23 {85   Signé à gauche.

      Toile. Haut., 38 cent., larg., 43 cent.

84
85 — *Voiture de varech.*

> Toile. Haut., 28 cent.; larg., 46 cent.

86 — *Navire échoué au Conquet.*
Signé à droite.

> Toile. Haut., 28 cent.; larg., 46 cent.

87 — *Environs de Bernières.*
Signé à droite.

> Panneau. Haut., 24 cent.; larg., 52 cent.

88 — *Pêche à la seine, le matin.*
Signé à gauche.

> Toile. Haut., 27 cent.; larg., 46 cent.

89 — *Fécamp, soleil couchant.*
Signé à droite.

> Panneau. Haut., 24 cent.; larg., 48 cent.

90 — *Sémaphore, à Bernières.*
Signé à droite.

> Panneau. Haut., 27 cent.; larg., 46 cent.

91 — *Gros Temps.*
Signé à droite.

> Panneau. Haut., 29 cent.; larg., 48 cent.

92 — *Saint-Valery, soleil couchant.*
Signé à gauche.

> Toile. Haut., 40 cent.; larg., 73 cent.

93 — *Barque mise à la mer.*

Signé à gauche.

Toile. Haut.. 30 cent.; larg., 41 cent.

94 — *La Brèche au Diable.*

Signé à droite.

Panneau. Haut., 32 cent.; larg., 46 cent.

95 — *La Mer, à Fécamp.*

Signé à droite.

Panneau. Haut.. 28 cent.; larg., 46 cent.

96 — *Baigneurs.*

Signé à gauche.

Toile. Haut., 28 cent.; larg., 45 cent.

97 — *Prairies.*

Signé à gauche.

Panneau. Haut., 17 cent.; larg., 38 cent.

98 — *La Jetée, à Fécamp.*

Signé à droite.

Panneau. Haut., 19 cent.; larg., 33 cent.

99 — *Moulin de Paluel.*

Panneau. Haut., 19 cent.; larg., 31 cent.

100 — *Les Pointes d'Arromanches.*

Signé à gauche.

Panneau. Haut., 15 cent.; larg., 27 cent.

32 {

101 — Dans le Port de Courseulles.

Panneau. Haut., 22 cent.; larg., 27 cent.

102 — Barques, en pleine mer.

Signé à droite.

Toile. Haut., 22 cent.; larg., 27 cent.

38 {

103 — La Jetée, au Havre.

Signé à droite.

Panneau. Haut., 20 cent.; larg., 28 cent.

41 {

104 — Ramasseurs de varech.

Signé à droite.

Panneau. Haut., 20 cent..; larg., 32 cent.

105 — Le Naufrage.

Signé à gauche.

Panneau. Haut., 20 cent.; larg., 32 cent.

26 {

106 — Bords de mer, temps d'orage.

Panneau. Haut., 18 cent.; larg., 26 cent.

107 — Vapeur, soleil couchant.

Signé à gauche.

Panneau. Haut., 16 cent.; larg., 30 cent.

26 {

108 — Bords de mer.

Panneau. Haut., 11 cent.; larg., 23 cent.

108 et
109 — *Bords de mer.*

Signé à droite.

Panneau. Haut., 8 cent.; larg., 23 cent.

30

110 — *Mer calme.*

Signé à droite.

Panneau. Haut., 12 cent.; larg., 31 cent.

111 — *Chalutier.*

Signé à gauche.

Panneau. Haut., 20 cent.; larg., 20 cent.

36

112 — *Chevaux.*

Signé à gauche.

Panneau. Haut., 12 cent.; larg., 33 cent.

113 — *Entrée du port de Courseulles.*

Signé à droite.

Panneau. Haut., 16 cent.; larg., 31 cent.

19

114 — *Port.*

Signé à droite.

Panneau. Haut., 13 cent.; larg., 32 cent.

115 — *Plage de Veulettes.*

Signé à droite.

Panneau. Haut., 13 cent.; larg., 23 cent.

116 — *Une Plage.*

Signé à droite.

Panneau. Haut., 12 cent.; larg., 30 cent.

117 — *Pêcheurs.*

Panneau. Haut., 12 cent.; larg., 30 cent.

118 — *La Maneporte, Étretat.*

Signé à droite.

Panneau. Haut., 15 cent.; larg., 24 cent.

119 — *Dans les Jetées, Courseulles.*

Signé à droite.

Panneau. Haut., 12 cent.; larg., 26 cent.

120 — *Bateaux de pêche, effet d'orage.*

Signé à gauche.

Panneau. Haut., 13 cent.; larg., 25 cent.

121 — *Rencontre de Pirates.*

Signé à gauche.

Panneau. Haut., 13 cent.; larg., 24 cent.

122 — *Sur la Jetée, au Havre.*

Signé à gauche.

Panneau. Haut., 12 cent.; larg., 22 cent.

123 — *Fuyant l'orage.*

Signé à gauche.

Panneau. Haut., 13 cent.; larg., 19 cent.

124 — *Falaises et Rochers.*

Signé à gauche.

Panneau. Haut., 12 cent.; larg., 20 cent.

125 — *Phares.*

Signé à droite.

Panneau. Haut., 11 cent.; larg., 19 cent.

126 — *Soleil couchant.*

Signé à gauche.

Panneau. Haut., 10 cent.; larg., 18 cent.

127 — *Vue de Barfleur.*

Signé à droite.

Panneau. Haut., 25 cent.; larg., 41 cent.

128 — *Sur la Plage.*

Signé à droite.

Panneau. Haut., 25 cent.; larg., 41 cent.

129 — *Le Goulet.*

Signé à gauche.

Panneau. Haut., 27 cent.; larg., 41 cent.

130 — *Marée basse.*

Signé à gauche.

Panneau. Haut., 23 cent.; larg., 40 cent.

131 — *Étude, à Grandcamp.*

Panneau. Haut., 24 cent.; larg., 38 cent.

132 — *Grotte de Sumsel.*

Signé à droite.

Panneau. Haut., 25 cent.; larg., 38 cent.

133 — *Le Phare de Barfleur.*

Signé à droite.

Panneau. Haut., 27 cent.; larg., 41 cent.

134 — *Saint-Valery, soleil couchant.*

Signé à gauche.

Panneau. Haut., 24 cent.; larg., 46 cent.

135 — *La Mer, soleil levant.*

Signé à droite.

Panneau. Haut., 27 cent.; larg., 36 cent.

136 — *Barque échouée, à Grandcamp.*

Signé à droite.

Panneau. Haut., 24 cent.; larg., 24 cent.

137 — *Soleil couchant.*

Panneau. Haut., 19 cent.; larg., 27 cent..

138 — *Les Rochers, à Saint-Aubin.*

Signé à gauche.

Panneau. Haut., 21 cent.; larg., 33 cent.

139 — *Un Coup de vent.*

Signé à droite.

Panneau. Haut., 20 cent.; larg., 37 cent.

140 — *Bords de la Seine.*

Toile. Haut., 14 cent.; larg., 33 cent.

141 — *Les Naufragés.*

Panneau. Haut., 13 cent.; larg., 25 cent.

142 — *Voiture de varech.*

Signé à gauche.

Panneau. Haut., 20 cent.; larg., 30 cent.

143 — *Plage. Étude.*

Panneau. Haut., 10 cent.; larg., 13 cent.

Paris. — Imp. G. Petit, rue Godot-de-Mauroi, 12. — 1349-94.

www.ingramcontent.com/pod-product-compliance
Ingram Content Group UK Ltd.
Pitfield, Milton Keynes, MK11 3LW, UK
UKHW022318170726
13837UKWH00005BA/2066